BEI GRIN MACHT SICH IHR WISSEN BEZAHLT

AF130534

- Wir veröffentlichen Ihre Hausarbeit,
  Bachelor- und Masterarbeit

- Ihr eigenes eBook und Buch -
  weltweit in allen wichtigen Shops

- Verdienen Sie an jedem Verkauf

Jetzt bei www.GRIN.com hochladen und kostenlos publizieren

Chancen und Risiken von KI-Interviewern. Künstliche Intelligenz in der Sozialforschung

Lea Rönfeldt

Bibliografische Information der Deutschen Nationalbibliothek:

Die Deutsche Nationalbibliothek verzeichnet diese Publikation in der Deutschen Nationalbibliografie; detaillierte bibliografische Daten sind im Internet über http://dnb.d-nb.de abrufbar.

ISBN: 9783389016978
Dieses Buch ist auch als E-Book erhältlich.

© GRIN Publishing GmbH
Trappentreustraße 1
80339 München

Druck und Bindung: Books on Demand GmbH, Norderstedt Germany
Gedruckt auf säurefreiem Papier aus verantwortungsvollen Quellen

Das vorliegende Werk wurde sorgfältig erarbeitet. Dennoch übernehmen Autoren und Verlag für die Richtigkeit von Angaben, Hinweisen, Links und Ratschlägen sowie eventuelle Druckfehler keine Haftung.

Das Buch bei GRIN: https://www.grin.com/document/1470032

Chancen und Risiken von KI-Interviewern

Lea Rönfeldt

Hamburg, 28.03.2024

Inhalt

1. Einleitung

Im Zuge der Globalisierung und der Digitalisierung profitiert die Welt immer mehr von technologischem Fortschritt. Eine besonders faszinierende und innovative Entwicklung ist die Künstliche Intelligenz, welche aktuell stetig an Bedeutung in allen möglichen Lebensbereichen gewinnt. Schon im Alltag begegnet uns KI-Systeme in jeglicher Art und Weise, seien es soziale Medien, Suchmaschinen oder Online-Shopping, die per Algorithmen personalisierte Inhalte und Empfehlungen vorschlagen oder digitale (Sprach-)Assistenten und -übersetzer, welche unsere Sprache erkennen und auswerten können. Mit der fortschreitenden Entwicklung und Integration von Künstlicher Intelligenz in verschiedene Arbeits- und Forschungsfelder wird deutlich, dass innovative Anwendungen wie KI-Interviewer zunehmend an Bedeutung gewinnen und die Methoden der Sozialforschung nachhaltig beeinflussen könnten. In dieser Arbeit soll deshalb die Forschungsfrage "Welche konkreten Chancen und Risiken ergeben sich aus dem Einsatz von KI-Interviewern in der Sozialforschung?" Erörtert werden, um positive Aspekte aber auch Herausforderungen und Gefahren kenntlich zu machen.

Zunächst wird Künstliche Intelligenz mitsamt ihrer Funktionsweise definiert und es wird erläutert, inwiefern diese in der Sozialforschung eingesetzt werden kann. Das Dritte Kapitel soll sich dann mit den Chancen der KI-Interviewer widmen, bevor im vierten Kapitel die Risiken und Herausforderungen erörtert werden. Den Abschluss bildet ein Fazit, in dem ein Ausblick auf die Bedeutung von KI-Interviewern für die Zukunft der Sozialforschung gegeben wird.

2. Künstliche Intelligenz

Zuerst soll die Künstliche Intelligenz und ihre Funktionsweise erläutert werden, bevor deren Einsatz in der Sozialforschung durch einen aktuellen Forschungsstand beleuchtet wird. Da dieses Feld im Anwendungsbereich der Sozialforschung wenig erforscht wird, wird ebenfalls auf Studien aus anderen Bereichen eingegangen, welche vergleichbar in der Anwendung sind.

Aufgrund der interdisziplinären Ausrichtung des Forschungsfeldes sowie der unterschiedlichen Entwicklungsstadien der KI und der damit verbundenen technologischen Möglichkeiten gibt es eine Vielzahl unterschiedlicher Definitionen mit jeweils eigenen Tendenzen der Künstlichen Intelligenz (KI) (Wirtz et al. 2018: 596f). Schon in den 1950er Jahren definierte John

McCarthey als Erster den Begriff der Künstlichen Intelligenz: Das Ziel der KI bestehe darin, Maschinen zu entwickeln, die sich so verhalten, als besäßen sie Intelligenz, so McCarthey (vgl. Ertel 2016: 1). Diese Definition scheint ungenügend, da die Künstliche Intelligenz das Ziel hat, viel komplexere und schwierige praktische Probleme zu lösen und ggf. eine höhere intellektuelle Verarbeitungsfähigkeit als Menschen und Computer aufweisen (vgl. Ertel 2020: 2). 1983 erläutert Elaine Rich, dass die KI sich mit der Frage befasse, wie Computer dazu gebracht werden können, Dinge zu tun, die Menschen besser können, denn Menschen sind Computern in vielen Dingen immer noch weitaus überlegen (Rich 1983 zitiert nach Rich 1985: 117). Das Ziel der künstlichen Intelligenz sei nach Rich also, Programme zu entwickeln, die schwierige Probleme lösen können. Die Lösung solcher Probleme bestehe darin, viel über die Problembereiche zu wissen und dazu in der Lage zu sein, das richtige Wissen zum richtigen Zeitpunkt anzuwenden (Rich 1985: 122). Damit die künstliche Intelligenz vorankommt, sei es also notwendig, mehr Wissen über Sprache, über Menschen und über die Welt zu erwerben und Techniken zu entwickeln, um dieses Wissen auch effizient zu nutzen (ebd.).

Heutzutage wird unter künstlicher Intelligenz hauptsächlich das Konzept des maschinellen Lernens verstanden, das häufig auf der Verwendung künstlicher neuronaler Netze basiert (Weißenberger 2021:10). Diese Art von Algorithmen ahmt die Funktionsweise des menschlichen Gehirns beim Lernen nach: Eingangsdaten werden von verschiedenen Eingangsknoten, sogenannten "Neuronen" erfasst und an andere Knoten weitergeleitet. Die Verarbeitung der Daten hängt von der Intensität ab, mit der ein Eingangssignal auf seinem Weg durch die Knoten weitergeleitet wird. Diese Intensität kann gleichbleiben, aber auch verstärkt oder abgeschwächt werden (ebd.). Die Ausgabe der Daten erfolgt über Ausgabeknoten. Im Gegensatz zur klassischen Programmierung, bei der Lösungswege und Regeln vorgegeben werden, erstellt die Software beim maschinellen Lernen ihr Regelwerk selbst, die Software wird also während der Implementierungsphase von den Programmierern trainiert (Weißenberger 2021:10). Ausgehend von verschiedenen Definitionen haben Wirtz et al. einen integrativen Definitionsansatz entwickelt, der KI als die Fähigkeit eines Computersystems definiert, menschenähnliches intelligentes Verhalten zu zeigen, das durch Kernkompetenzen wie Wahrnehmen, Verstehen, Handeln und Lernen gekennzeichnet ist (2018: 599).

Wirtz et al. unterteilen KI-Systeme angesichts der derzeitigen Fortschritte und künftigen Innovationen in drei Hauptkategorien: Artificial Narrow Intelligence (ANI), Artificial General Intelligence (AGI) und Artificial Superintelligence (ASI). Die ANI kann in der Regel ein bestimmtes Problem lösen und muss von Menschen programmiert werden (Rosa, Feyereisl, &Team, 2016 zitiert nach Wirtz et al. 2018: 599). Im Gegensatz dazu ist eine AGI in der Lage, selbstständig zu lernen und ihre Erfahrungen und Fähigkeiten ohne menschliche Hilfe auf andere Aufgaben zu übertragen (Adams et al., 2012 zitiert nach Wirtz et al. 2018: 599). ASI hingegen stellt eine Stufe der Softwareentwicklung dar, die weit über die menschliche Intelligenz hinausgeht. Obwohl solche Systeme noch nicht existieren, gehen einige Wissenschaftler davon aus, dass ASI aus AGI hervorgehen wird (Wirtz et al. 2018: 599). Wirtz et al. Haben zehn wesentliche Anwendungsbereiche von KI im Kontext des öffentlichen Sektors mitsamt deren Funktionen und Wertschöpfung identifiziert (Wirtz et al. 2018: 600f):

KI-Anwendung	Funktion und Wertschöpfung
KI-basierte Knowledge Management (KM) Software	- Generierung und Systematisierung von Wissen (Sammeln, Sortieren, Umwandeln, Aufzeichnen und Teilen von Wissen) - Systeme können die Kodifizierung des Wissens von KM unterstützen - Einsatz neuronaler Netze ermöglicht es, Wissen zu analysieren, zu verbreiten und mit anderen zu teilen
KI-basierte Prozess-automatisierungs-systeme	- Automatisierung von Standardaufgaben; Ausführung formaler logischer Aufgaben mit unvorhersehbaren Bedingungen in gleichbleibender Qualität - Komplexe menschliche Handlungsprozesse können auf Automatisierungssysteme übertragen werden, die den Menschen bei der Aufgabenerfüllung unterstützen können - Kann regelbasierte Bewertung, Workflow-Verarbeitung, schema-basierte Vorschläge, Data Mining, Case Based Reasoning, intelligente Sensorik beinhalten - robotergestützte Prozessautomatisierung hat sich durch weitere technologische Innovationen als Teilbereich herausgebildet. Dabei wird die Fähigkeit von Softwarerobotern oder KI-gesteuerten Mitarbeitern genutzt, die menschliche Interaktion mit den Benutzeroberflächen von Softwaresystemen zu imitieren.
Virtuelle Agenten	- Computergestütztes System, das mit dem Benutzer mittels Sprachanalyse, Computer Vision, schriftlicher Dateneingabe interagiert und universelle Echtzeit-Übersetzung und Systeme zur Verarbeitung natürlicher Sprache und affektive Datenverarbeitung umfassen kann - Software, die Aufgaben für Menschen übernehmen kann - Teilbereiche sind Chatbots und Avatare

Predictive Analytics & Datenvisualisierung	- Diese Analysen beruhen auf der quantitativen und statistischen Analyse von Daten - Verarbeitung von Big Data für Berichterstattung, präskriptive Analyse und prädiktive Analyse - Maschinelles Lernen als technischer Teilbereich, der auf Algorithmen basiert, die aus Daten lernen können
Identity Analytics	- Software in Kombination mit Big Data, fortschrittlicher Analytik und Identitätsmanagement zur Kontrolle des Zugangs zu IT-Systemen und zur automatischen Durchführung risikobasierter Identitätsprüfungen - Kann Deep Learning und maschinelles Lernen, affektive Datenverarbeitung und künstliche Immunsysteme umfassen
Kognitive Robotik & autonome Systeme	- Systeme mit kognitiven Funktionen auf höherer Ebene, die Wissensrepräsentation beinhalten und in der Lage sind, zu lernen und zu reagieren - Manchmal in Verbindung mit affektiver Datenverarbeitung, um menschliches Verhalten zu bestimmen und anzupassen sowie auf entsprechende Emotionen zu reagieren
Empfehlungsdienste	- Ein System zur Informationsfilterung - Softwarebasierte Systeme, die personalisierte Informationen nach den Präferenzen des Einzelnen filtern
Intelligenter persönlicher Assistent	- Software auf der Grundlage von Sprachanalysen - Bereitstellung einer intuitiven Schnittstelle zwischen einem Benutzer und einem System/Gerät, um nach Informationen zu suchen oder einfache Aufgaben zu erledigen
Speech Analytics	- Software für die intelligente Erkennung und Verarbeitung von Sprache - Verstehen oder Reagieren auf natürliche Sprache - Übersetzen von gesprochener in geschriebene Sprache oder von einer in eine andere natürliche Sprache - Kann universelle Echtzeit-Übersetzung und Systeme zur Verarbeitung natürlicher Sprache umfassen
Cognitive Security Analytics & Threat Intelligence	- Zusätzliche Anwendungen für kognitive Technologien zur Analyse von Sicherheitsinformationen durch Verarbeitung natürlicher Sprache und maschinelles Lernen - Interpretieren und Organisieren von Informationen und Erstellen von Schlussfolgerungen

Tabelle 1: KI-Anwendungen und Funktionen // Quelle: In Ahnlehnung an Wirtz et al. 2022: 600

3. Einsatz von KI in der Sozialforschung

Die Integration von Künstlicher Intelligenz in die Sozialforschung hat in den letzten Jahren zunehmend an Bedeutung gewonnen, wobei der Einsatz von KI in Interviews eine vielversprechende Entwicklung darstellt. Trotz des wachsenden Interesses und Potenzials dieser Technologie fehlt es jedoch häufig an repräsentativen Studien, die sich speziell mit dem Einsatz von KI in Interviews in der Sozialforschung beschäftigen. In diesem Kapitel wird daher eine aktueller Forschungsstand über den Einsatz von KI in der Sozialforschung angestoßen, wobei der Schwerpunkt auf der Interviewführung liegt. Da es zu diesem Thema nur wenige spezifische Studien gibt, wird auf andere Anwendungsbereiche von KI zurückgegriffen, in denen repräsentative Studien vorliegen.

3.1 Chatbots

Eine Anwendung von Künstlicher Intelligenz, die mit Methoden der Sozialforschung vergleichbar ist und ggf. Interviews implementiert, sind sogenannte Chatbots. Chatbots sind eine Art von KI-Technologien, welche auf verschiedenen Plattformen immer beliebter werden. Der Begriff "Chatbot", abgeleitet von "chatting robots", bezieht sich auf intelligente Maschinen, die textbasierte Konversationen mit Benutzern führen können (Gupta & Chen 2022: 99) und man kann diese zu der vorherig erwähnten von Wirtz et al. Identifizierten Kategorisierung der "Virtuellen Agenten" ordnen (siehe Tab. 1). Solche Chatbots finden sich beispielsweise im Bereich Human Resources wieder.

2021 untersuchten Suakanto et al. In ihrer Studie die Durchführbarkeit der Implementierung eines Chatbots für Interviewprozesse. Damit soll der Einstellungsprozess einfacher und bequemer zu gestalten sein und die Schwächen traditioneller Bewerbungsgespräche, die umständlich, zeitaufwändig und anfällig für menschliche Fehler sind, sollen überwunden werden (Suakanto et al. 2021: 2). Die Studie befasst sich mit der Entwicklung eines Chatbots zur Durchführung eines Interviews und der Verarbeitung der Interviewergebnisse mit Hilfe von künstlicher Intelligenz oder maschinellem Lernen. Dabei haben die Autor*Innen den Unterschied zwischen der typischen Chatbot-Kommunikationsmethode und dem Interview-Bot identifiziert. An einem Chatbot sind demnach zwei Parteien beteiligt: Benutzer und Roboter. Typische Chatbots werden in der Regel als allwissende Informations- oder Fragezentren eingesetzt, daher wird die Richtung der Kommunikation in der Regel vom Benutzer initiiert oder dominiert (Suakanto et al. 2021: 2). Diese Art von Chatbots wird in einigen öffentlichen Diensten eingesetzt (z.B. im Kundendienst). Im Gegensatz dazu hat der Interview-Chatbot eine gewisse Einzigartigkeit in Bezug auf die Art der Kommunikation. Der

Hauptunterschied zwischen dem Interview-Chatbot und dem typischen Chatbot ist also die Dominanz des Roboters: Im Vergleich zum typischen Chatbot ist der Interview-Chatbot dominanter, da er sich wie ein echter Interviewer verhält, der dem Bewerber immer wieder Fragen stellt und der Mensch als Interviewpartner antwortet auf die Fragen des Interviewers (ebd.).

3.2 Large Language Models

Der Artikel von Parker et al. untersucht in The "Qualitative Report" den Einsatz von Large Language Model (LLM)-Tools wie ChatGPT zur Unterstützung von Forschern bei der Entwicklung und Optimierung von Interviewprotokollen (2023). Der Bericht baut auf den Erkenntnissen früherer Autoren auf und betont die Flexibilität solcher Tools und die Möglichkeiten, Forschungsziele zu erreichen, insbesondere für unerfahrene Forscher (Parker et al. 2023: 2775). Die Forschung zeigt, dass ChatGPT in der Lage ist, geeignete Interviewfragen zu generieren, Schlüsselfragen zu entwickeln, Feedback zu Protokollen zu geben und Interviews zu simulieren. Im Vergleich zu herkömmlichen statischen Ressourcen wie Lehrbüchern und Artikeln haben Large Language Models (LLMs) die Fähigkeit, in einen interaktiven Dialog mit dem Benutzer zu treten und ihn bei der kontinuierlichen Verfeinerung der Interviewfragen zu unterstützen (Parker et al. 2023: 2786).

Im Beitrag in MUM '23 (Proceedings of the 22nd International Conference on Mobile and Ubiquitous Multimedia) stellen Ajri et al. "Virtual AIVantage" vor, ein VR-basiertes Trainingstool für Bewerbungsgespräche (2023). Es soll unterrepräsentierten Personen eine simulierte Vorstellungsgesprächserfahrung bieten, indem es verkörperte Gesprächsagenten verwendet, die durch ein umfassendes Sprachmodell wie GPT-4 (OpenAI) gesteuert werden (Ajri et al. 2023: 536). Das Tool simuliert authentische Interviewszenarien, gibt sofortiges Feedback und bietet Anleitungen und Beispielantworten, um die Interviewfähigkeiten zu verbessern. Virtual AIVantage kombiniert so KI und VR, um eine immersive Trainingsumgebung für Interviews zu schaffen, in der technisches Wissen und die Interviewfähigkeiten geübt und so ausgebessert werden können (ebd.). GPT-4 wird mit großen Mengen von Textdaten trainiert und ist in der Lage, natürliche Sprache zu erzeugen und zu verstehen. Gleichzeitig interagiert es mit den Benutzern in einer Chatbot-ähnlichen Weise, indem es Feedback gibt, Anleitungen bereitstellt und sogar Beispielantworten generiert, um die Interviewfähigkeiten zu verbessern. Mittlerweile erstellt dieses LLM auf fast jede Aufforderung Bilder und Programmier-Codes (Sanderson 2023: 773).

3.3 KI-Interviewer

Der Einsatz von KI-Interviewern könnte durch die Kombination von Chatbot-Technologie und Large Language Models innovative Möglichkeiten für die Durchführung von Interviews in der Sozialforschung bieten. Diese Technologien versprechen nicht nur eine Effizienzsteigerung bei der Datenerhebung, sondern werfen auch wichtige Fragen hinsichtlich ihrer Anwendbarkeit, Genauigkeit und ethischen Implikationen auf, welche in den folgenden Kapiteln diskutiert werden.

Diese KI-Agenten haben eine menschenähnliche Gestalt und kommunizieren mit den Nutzern sowohl verbal als auch nonverbal. Li et al. stellten 2017 einen intelligenten virtuellen Interviewer vor, der in textbasierten Gesprächen automatisch die Persönlichkeit des Nutzers erkennt. Eine solche Anwendung ist ggf. nach Wirtz et al. Kognitive Robotik & autonome Systeme vergleichbar, da sie in der Lage sind zu lernen und zu reagieren und so menschliches Verhalten bestimmen können sowie auf entsprechende Emotionen zu reagieren, wobei aber auch weitere Funktionen von anderen KI-Anwendungen anwendbar sind, wie zum Beispiel Speech Analytics (Tab. 1). Die Studie von Li et al. untersucht, wie die Persönlichkeit des Interviewers das Verhalten des Benutzers beeinflusst, insbesondere in Bezug auf Vertrauen und Zuhören (Li et al. 2017: 276). Dazu haben die ForscherInnen zwei virtuelle Interviewer mit unterschiedlichen Persönlichkeiten entwickelt und in einem realen Recruiting-Event mit 316 Bewerbern evaluiert. Die Ergebnisse zeigen, dass Bewerber einem virtuellen Interviewer mit einer seriösen und durchsetzungsfähigen Persönlichkeit eher vertrauen und aufmerksam zuhören und dass die Persönlichkeitsmerkmale der Nutzer, die aus ihrem Chat-Text abgeleitet werden, ihre Wahrnehmung vom virtuellen Interviewer beeinflussen und ihre Bereitschaft, sich einem virtuellen Interviewer anzuvertrauen und ihm zuzuhören (Li et al. 2017: 283ff.).

2020 forschten Pickard et al. zu solchem automatisierten virtuellen Interviewer, so genannte Embodied Conversational Agents (ECAs). Sie untersuchten in drei Experimenten, wie ein ECA im Vergleich zu einem menschlichen Interviewer abschneidet. In Experiment 1 wurde festgestellt, dass ein Embodied Conversational Agent (ECA), der dem Befragten äußerlich und stimmlich ähnelt, bei verschiedenen Faktoren der Auskunftsqualität ähnlich oder sogar besser abschneidet als menschliche Interviewer (Pickard 2020: 350f.). In zwei weiteren Experimenten konnte gezeigt werden, dass Mitarbeiter einem ECA signifikant häufiger Verstöße gegen interne Kontrollen offenbaren als einem menschlichen Interviewer (ebd.).

In einer weiteren Studie von 2020 wurden Virtuelle Agenten im klinischen Bereich untersucht (Philip et al. 2020). Das Ziel dieser Studie ist es, das Vertrauen und die Akzeptanz von virtuellen Agenten, die medizinische Gespräche führen, bei ambulanten Patienten zu evaluieren und deren Einfluss auf das Engagement der ambulanten Patient*In zu untersuchen. Es ergab sich, dass der Agent von den Patient*Innen als vertrauenswürdig wahrgenommen und akzeptiert wurde, was die gute Beteiligung der Patienten an der Interaktion bestätigt (Philip 2020: 3). Ältere und weniger gebildete Patienten akzeptierten den virtuellen Arzt eher als jüngere und gebildete Patienten.

In einer Feldstudie von Suen und Hung wurden die Auswirkungen verschiedener Formen von KI-gestützten Videointerviews auf das kognitive und affektive Vertrauen der Befragten anhand der Selbstauskünfte von 152 realen Bewerbern untersucht (2023). Hier wurden vor allem asynchrone Videointerviews (AVIs) betrachtet. AVIs sind "one-way"-Interviews, bei denen die Befragten die Fragen vor ihrer Webcam beantworten und die Interviewer sich das Video zu einem späteren Zeitpunkt ansehen (Suen & Hung 2023: 1). KI-Anwendungen verwenden visuell-akustische Erkennungstechniken in Kombination mit Deep Learning, um Bewerber mit offenen Stellen abzugleichen, indem die verbalen, paraverbalen und nonverbalen Signale der Bewerber automatisch ausgewertet werden (ebd.). Auch diese Studie ergab, dass der Einsatz von KI in asynchronen Videointerviews (AI-AVI) das kognitive Vertrauen der Bewerber im Vergleich zu einer Situation ohne KI erhöht. Darüber hinaus stieg das kognitive und affektive Vertrauen der Bewerber, wenn das KI-AVI die Merkmale Greifbarkeit und Transparenz aufwies und Schnittstellen eingebaut wurden, die menschlichen Normen entsprechen (Suen & Hung 2023: 5f).

In einem Beitrag von 2023 stellen Chopra und Haaland eine KI-gestützte Methode für halbstrukturierte Interviews vor, die eine kostengünstige Datenerhebung ermöglicht und für quantitative Analysen geeignet ist. Die AutorInnen demonstrieren die Machbarkeit dieses Ansatzes anhand einer umfangreichen Datenerhebung zum Verständnis der Aktienmarktbeteiligung (Chopra & Haaland 2023). 395 Interviews ermöglichen eine quantitative Analyse, die im Vergleich zu traditionellen qualitativen Interviews und Antworten auf eine einzige offene Frage reichhaltigere und robustere Schlussfolgerungen liefert. Sie zeigen auch eine hohe Zufriedenheit der Befragten mit den KI-gestützten Interviews, wobei die Mehrheit angab, dass sie diese Interviews gegenüber den von Menschen geführten Interviews klar bevorzugen (Chopra & Haaland 2023: 22f).

In einer weiteren Studie untersuchten Liu et al. die Erfahrung und den Redefluss von Bewerbern bei der Beurteilung durch einen KI-Interviewer (2023). In einem Experiment mit drei verschiedenen Bedingungen führten Studierende (N=134) ein Pseudo-Online-Vorstellungsgespräch durch, wobei sie den Eindruck hatten, dass ihre Leistung von einem menschlichen Personalverantwortlichen, einem KI-System oder einem KI-System mit einer menschenähnlichen Schnittstelle bewertet würde. In dieser Studie wurde festgestellt, dass die KI-Bewertung (im Vergleich zur menschlichen Bewertung) in Vorstellungsgesprächen dazu führte, dass die Befragten mehr Unsicherheit, weniger soziale Präsenz aber auch eine höhere Artikulationsrate wahrnahmen (Liu et al. 2023: 7). Durch die Verringerung der sozialen Präsenz erhöhte die KI-Bewertung zudem die Sprechgeschwindigkeit der Befragten und verringerte die Häufigkeit von Sprechpausen. Im Vergleich zum reinen KI-System reduzierte das Hinzufügen eines menschenähnlichen Avatars die aber Unsicherheit nicht signifikant, erhöhte die soziale Präsenz mit einem nicht-signifikanten, kleinen bis mittleren Effekt und verringerte die Artikulationsrate mit einem signifikanten, mittleren Effekt (ebd.).

Im Jahr 2023 präsentierten Boudjani et al. einen interaktiven KI-Chatbot, der in der Lage ist, Bewerbern Fragen zu stellen, unvollständige Antworten zu erkennen und weitere Fragen zu stellen, um eine vollständige Antwort zu erhalten. Ihr System basiert auf einem umfassenden Verhaltensdiagramm für Bewerbungsgespräche. Die Ergebnisse zeigen, dass der Chatbot in Bezug auf die gestellten Fragen und die während des Gesprächs bereitgestellten Informationen vollständig ist und bestätigten ebenfalls, dass das Diagramm alle Szenarien zwischen Interviewer und Bewerber während eines Bewerbungsgesprächs abdeckt (Boudjani 2023: 1159).

4. Chancen von KI-Interviewer

Die dargelegten Studien zeigen, dass der Einsatz von KI-Interviewern eine effizientere und kostengünstigere Durchführung von Interviews ermöglichen kann. LLMs können die Art und Weise revolutionieren, wie sich Forscher auf Interviews vorbereiten. Sprachmodell-Tools wie ChatGPT können die Entwicklung und Verfeinerung von Interviewprotokollen erheblich verbessern, indem sie verschiedene wichtige Aufgaben übernehmen, zum Beispiel die Generierung kontextbezogen geeigneter Fragen und die Simulation realer Interviews (Parker et al. 2023: 2784). Virtuelle Interviewer wie Chatbots und Embodied Conversational Agents (ECAs) können den Rekrutierungsprozess rationalisieren und den Zeitaufwand reduzieren und sich an verschiedene Forschungskontexte und kulturelle Gegebenheiten anpassen (Parker et al. 2023: 2786).

Die Studien von Parker et al. sowie Li et al. zeigen, dass KI-Interviewer in Bezug auf verschiedene Faktoren der Antwortqualität gleichwertige oder sogar bessere Ergebnisse erzielen können als menschliche Interviewer. Der Einsatz von Sprachmodellierungswerkzeugen wie Large Language Models ermöglicht die Generierung kontextbezogener Fragen und die Simulation realer Interviews, was die Qualität der erhobenen Daten verbessern kann (Parker et al. 2023: 2787). Zudem sind LLM immer verfügbar, für alle zugänglich und können Unterstützung in Echtzeit bieten, was sie zu einer idealen Ressource für Studierende und Forscher macht, die zu unterschiedlichen Zeiten arbeiten und mehrere Verpflichtungen unter einen Hut bringen müssen (Parker et al. 2023: 2786). Der Beitrag von Chopra und Haaland zeigt des weiteren, dass Befragte KI-gestützte Interviews den von Menschen geführten Interviews mehrheitlich bevorzugen (2023: 16).

Ein Virtueller Interviewer kann einen Rekrutierungsprozess nicht nur effizienter, sondern auch objektiver und umfassender gestalten. Die Befragten verhalten sich in der Nähe eines virtuellen Interviewers authentisch, um ihren wahren Charakter zu zeigen (Li et al. 2017: 283). Insbesondere sind die Nutzer eher bereit, sich einem seriösen, durchsetzungsfähigen REP anzuvertrauen und ihm zuzuhören, wobei die Persönlichkeitsmerkmale der Nutzer ihre Wahrnehmung und ihr Verhalten gegenüber einem REP beeinflussen (ebd.). Es kann deshalb äußerst wertvoll sein, hyper-personalisierte REPs zu erstellen, die auf den Eigenschaften der Nutzer basieren, die während eines Gesprächs automatisch abgeleitet werden.

In der Untersuchung von Philip et al. (2020) wurde der virtuelle Agent von den Patienten als vertrauenswürdig wahrgenommen und gut akzeptiert, was sich unter anderem an der hohen Teilnahmequote zeigte, wobei ältere und weniger gebildete Patienten den virtuellen Arzt eher akzeptierten (Philip 2020 et al. 2f). Die Glaubwürdigkeit des Agenten schien die Hauptdimension zu sein, die es ermöglichte, engagierte und nicht engagierte ambulante Patienten zu klassifizieren (Philip et al. 2020: 4). Es zeigt sich, dass mit dem virtuellen Agenten eine hohe Teilnahmebereitschaft erreicht werden kann, die vor allem mit einem hohen Vertrauen und einer hohen Akzeptanz des KI-Interviewer zusammenhängt.

Eine weitere Studie von Suen und Hung untersuchte, wie KI und KI-Schnittstellen das Impression Management Behaviour (IM) von Bewerbern in asynchronen Videointerviews (AVI) beeinflussen, d. h. das Verhalten einer Person, das darauf abzielt, bewusst einen bestimmten Eindruck bei anderen zu erzeugen oder zu steuern (2024). Suen und Hung fanden heraus, dass verschiedene KI-Schnittstellen das ehrliche und das betrügerische IM-Verhalten der Bewerber auf unterschiedliche Weise erhöhen oder verringern können. Eine explorative

Analyse ergab außerdem, dass die Angst der Bewerber vor einem Vorstellungsgespräch durch eine KI-Schnittstelle reduziert werden kann (Suen & Hung 2024: 6).

Darüber hinaus bieten KI-Interviewer eine höhere Offenlegungsbereitschaft, da Mitarbeiter Verstöße gegen interne Kontrollen gegenüber einem virtuellen Interviewer signifikant häufiger offenlegen als gegenüber einem menschlichen Interviewer, das zeigen die Ergebnisse der Studie von Pickard et al. (2023: 339). Die Anonymität und Objektivität, die KI-Interviewer bieten können, könnten so zu einer größeren Offenheit der Befragten führen.

Um die Auswirkungen von KI-Anthropomorphismus auf verschiedene Aspekte wie Verfahrensgerechtigkeit, Interaktionsgerechtigkeit und organisatorische Attraktivität in einer KI-Rekrutierungsumgebung zu untersuchen, führten Kwon et al. 2023 ein szenariobasiertes Experiment durch. Die Studie ergab, dass Menschen menschenähnliche KI-Recruiter maschinenähnlichen Recruitern vorziehen, unabhängig von der Art der Entscheidung (Kwon et al. 2023: 53). In negativen Entscheidungssituationen zeigten sich signifikante Unterschiede in der wahrgenommenen Interaktionsgerechtigkeit und der organisatorischen Attraktivität, während die prozedurale Gerechtigkeit unabhängig vom Grad des KI-Anthropomorphismus war (Kwon 2023: 55). Eine Verzerrung der Ergebnisse deutet darauf hin, dass Bewerber in positiven Situationen eher eine höhere prozedurale Gerechtigkeit wahrnehmen als in negativen Situationen.

Zusammenfassend lässt sich sagen, dass KI-Interviewer die Möglichkeit bieten, den Rekrutierungsprozess effizienter zu gestalten, die Qualität der Antworten zu verbessern, die Auskunftsbereitschaft zu erhöhen, hoch personalisierte Interviewerlebnisse zu schaffen und innovative Trainingsmöglichkeiten zu entwickeln.

5. Risiken und Herausforderungen von KI-Interviewern

Wie bisher gezeigt wurde, hat der Einsatz von künstlicher Intelligenz (KI), beispielsweise in Form von KI-Interviewern und Chatbots, das Potenzial, den Forschungs- und Rekrutierungsprozess zu revolutionieren. Der Einsatz von KI-Interviewern birgt jedoch auch eine Reihe von Risiken und Herausforderungen, die sorgfältig bedacht werden müssen. In diesem Kapitel werden die potenziellen Risiken und Herausforderungen von KI-Interviewern untersucht und ihre Auswirkungen auf die Sozialforschung diskutiert.

Wie Parker in ihrem Beitrag erwähnen, werfen KI-Systeme, wie z.B. LLM-Modelle, einige ethische Fragen in Bezug auf menschliche Teilnehmer auf und bringen neue Fragen mit sich, wie z.b. Datenschutz und verantwortungsvoller Einsatz von KI (2023: 2786). Da der Einsatz generativer KI in der Wissenschaft noch neu ist, befinden sich die Richtlinien und Standards noch in einem frühen Entwicklungsstadium und müssen weiter verfeinert werden, um eine ethische Umsetzung zu gewährleisten (ebd.).

Darüber hinaus könnten KI-Interviewer Schwierigkeiten haben, die Nuancen menschlicher Emotionen, Kontexte und nonverbaler Kommunikation vollständig zu erfassen und angemessen zu interpretieren, was zu ungenauen oder unzureichenden Ergebnissen führen könnte (Parker et al. 2023: 2785; Chopra & Haaland 2023: 17).

Zwar konnte belegt werden, dass KI-Interviewer meist positiv von den Befragten wahrgenommen wurden, allerdings könnten die Antworten und Reaktionen, die von KI-Interviewern generiert werden auch als unpersönlich oder mechanisch wahrgenommen werden, was das Vertrauen und die Glaubwürdigkeit der Forschungsergebnisse beeinträchtigen könnte, denn zum Beispiel haben Liu et al. festgestellt, dass eine KI-Bewertung im Vergleich zur menschlichen Bewertung in Vorstellungsgesprächen dazu führte, dass die Befragten mehr Unsicherheit und weniger soziale Präsenz zeigten (Liu et al. 2023: 7). Ausgehend von der Erkenntnis, dass die Bewertung durch künstliche Intelligenz die Unsicherheit erhöht und die soziale Präsenz verringert, empfehlen die AutorInnen Strategien zur Überwindung der Unsicherheit z. B. durch Aufklärung und Wissen über künstliche Intelligenz und mehr Übung dahingehend und zur Kompensation der geringeren sozialen Präsenz während eines KI-gestützten Vorstellungsgesprächs z. B. durch ein engagierteres Auftreten als normalerweise (Liu et al. 2023: 9).

Der Einsatz von LLM bei der Erprobung von Forschungsprotokollen eröffnet neue Möglichkeiten, wirft aber auch Fragen darüber auf, wie genau Modelle wie ChatGPT menschliche Reaktionen simulieren können. Während der LLM-Chatbot Antworten auf der Grundlage großer Datenmengen generieren kann, werden die Authentizität und die Nuancen des menschlichen Verständnisses, der Emotionen und des Kontexts möglicherweise nicht vollständig erfasst (Parker et al. 2023: 2785).

Die Komplexität der Umsetzung darf zudem nicht unterschätzt werden. Die Integration von KI-Interviewern in den Forschungsprozess kann erhebliche Ressourcen und technisches Fachwissen erfordern, was zu Komplikationen und Herausforderungen bei der Umsetzung führen kann (Xiao et al. 2020: 2). KI-Interviewer müssen außerdem sorgfältig validiert und getetestet werden, um sicherzustellen, dass sie zuverlässige und akkurate Ergebnisse liefern. Wenn dies nicht ordnungsgemäß durchgeführt wird, können die Ergebnisse fehlerhaft oder irreführend sein (Li et al. 2017: 284; Suakanto 2021: 5). Parker et al. Verdeutlichen die Unerlässlichkeit, KI-Interviewer mit ethischen Erwägungen, Qualitätskontrolle und menschlicher Aufsicht in Einklang zu bringen, um sicherzustellen, dass der Einsatz dieser Instrumente die menschliche Expertise ergänzt, ohne sie zu ersetzen, und um das Gleichgewicht zwischen Innovation und Integrität zu wahren (2023: 2787). Die Verwendung von LLMs ersetzt beispielsweise nicht die Notwendigkeit menschlicher Intuition und Expertise bei der Entwicklung von Fragen. Sie sollte mit traditionellen Methoden wie der Überprüfung durch Experten kombiniert werden, um sicherzustellen, dass die Fragen sowohl wissenschaftlich als auch ethisch fundiert sind (Parker et al. 2023: 2786).

Im Allgemeinen ist die Implementierung eines Interview-Bots machbar und hat auch viele Vorteile. Suakanto et al. Raten jedoch davon ab, den gesamten Rekrutierungsprozess vollautomatisch durchzuführen, denn gerade in einigen frühen Stadien bedarf es noch der Validierung durch professionelle Interviewer, um die Genauigkeit und die Fähigkeiten des Systems zu verbessern (Suakanto et al. 2021: 5). So könnte man am besten schrittweise KI und maschinelles Lernen in solche Systeme einsetzen und implementieren. Der Schwierigkeitsgrad wird allerdings mit dem Einsatz von maschinellem Lernen und KI in bestimmten Prozessen steigen (ebd.). Suakanto et al. schlagen vor, einen Algorithmus oder eine maschinelle Lernmethode zur Interpretation der Antworten des Befragten zu testen und zu implementieren.

Man könnte auch vermuten, dass eine übermäßige Abhängigkeit von KI-Interviewern dazu führen könnte, dass Forscher ihre menschliche Intuition und Expertise vernachlässigen, was die Qualität und Relevanz der Forschungsergebnisse beeinträchtigen könnte. Durch die Anwendung von KI-Assistenten werden sowohl unsere Wahrnehmung als auch die objektiven Grenzen der menschlichen und der maschinellen Leistung verschwimmen und Mischleistungen entstehen, sodass es schwer ist, zwischen menschlicher und maschineller Leistung zu unterscheiden (Kovács 2023: 229). Es ist wichtig zu verstehen, dass KI-Assistenten nicht nur persönliche Leistungen herausfordern, sondern auch soziale Praktiken beeinflussen können. Obwohl es Bereiche gibt, in denen KI menschliche Leistung nicht ersetzen kann, könnten KI-gestützte Systeme dennoch in diese Bereiche eingreifen und traditionelle Praktiken verändern oder stören (ebd.).

In der Studie, die sich mit der Bereitstellung eines lernenden Gesprächspartners befasst, weisen die AutorInnen auf die wichtige Rolle von Emotionen in der integrativen Mensch-Mensch-Interaktion hin. Die Ergebnisse deuten auf einen solchen Bedarf in der Mensch-Chatbot-Interaktion hin. Während ein Chatbot die Fähigkeit haben könnte, Studenten mit besonderen Bedingungen, wie z.b. psychischen Problemen, zu erkennen und zu unterstützen, ist sein Einsatz aus lizenz- und haftungsrechtlichen Gründen nicht ratsam.

Betrachtet man die Künstliche Intelligenz im allgemeinen Kontext, so sei auch denkbar, dass eine starke KI ein Risiko darstellt und auch dem zweiten Gesetz also dem Gehorsam gegenüber menschlichen Befehlen nicht mehr folgt, sondern eine effizientere Lösung entwickelt und sich möglicherweise sogar gegen den Menschen wendet (Sidoruk & Ritter 2021: 45). In solchen Fällen bleibt als letzter Ausweg oft nur die Abschaltung des Systems. Vergangene Erkenntnisse machen deutlich, dass KI weit mehr ist als nur ein Algorithmus, denn KI im hat Freiheitsgrade und entwickelt sich schnell. Mit zunehmender Freiheit und Produktivität geht aber auch ein Verlust an Kontrolle einher, sodass sich Grenzen nicht allgemein programmieren lassen, sondern nur durch explizite Verbote (ebd.).

Zudem ist zu beachten, dass die dargelegte Forschung größtenteils aus anderen Bereichen als der der Sozialforschung kommt, und die Anwendung und Ergebnisse so noch differenziert zu betrachten sind. Mögliche Implikationen könnten sich ggf. Aus der Komplexität der Antworten von Befragten Personen und der großen Datenmenge bei sozialwissenschaftlichen Themen und Studien ergeben, da in den vorliegenden Studien größtenteils der Fokus auf der Bewertung der Befragten (Bspw. Human Resources/ Bewerbungsgespräch) liegt.

6. Fazit

Rund um die Forschungsfrage nach den Chancen und Risiken von KI-Interviewern ergibt sich ein facettenreiches Bild, das sowohl Potenziale als auch Herausforderungen für die Implementierung im Forschungsbereich aufweist. Mögliche Chancen liegen vor allem in der Effizienzsteigerung, der Akzeptanz der Befragten, der Verbesserung der Erreichbarkeit und der Skalierbarkeit, die KI-Interviewer bieten können. Durch die Möglichkeit, große Datenmengen schnell zu verarbeiten und innovative Analysen durchzuführen, könnten auch unerfahrene Forscher neue Erkenntnisse gewinnen und ihre Forschungsmethoden verbessern. Die Kombination von menschlicher und künstlicher Intelligenz könnte somit auch zu einem besseren Verständnis und einer effizienteren Nutzung von Ressourcen führen.

Allerdings müssen auch die Risiken berücksichtigt werden. Fragen der Ethik und des Datenschutzes, der Möglichkeiten und Herausforderungen in Bezug auf die Authentizität und Qualität der Ergebnisse erfordern gerade jetzt, in der Frühphase der Innovation, eine sorgfältige Abwägung und eine ständige Validierung und Verifizierung durch den Menschen. Eine zu starke Abhängigkeit von KI-Interviewern könnte zudem die menschliche Expertise vernachlässigen und die Integrität der Forschung gefährden.

Insgesamt weisen diese Chancen und Risiken darauf hin, dass es sich beim Einsatz von KI-Interviewern um eine vielversprechende, aber auch komplexe Entwicklung handelt, die eine umfassende Berücksichtigung ethischer, methodischer und technologischer Aspekte erfordert. Eine differenzierte Vorgehensweise, die menschliche Expertise mit künstlicher Intelligenz sinnvoll kombiniert, könnte den Weg für eine erfolgreiche Integration von KI-Interviewern in den Forschungsprozess eröffnen und zu neuen Einblicken und Innovationen führen. Auch wenn Maschinen möglicherweise leistungsfähiger werden, menschliche Leistung bleibt jedoch weiterhin wichtig und wertvoll.

Literaturverzeichnis

Ajri, S. J., Nguyen, D., Agarwal, S., Padala, A. K. R., & Yildirim, C. (2023, December). Virtual AIVantage: Leveraging Large Language Models for Enhanced VR Interview Preparation among Underrepresented Professionals in Computing. In Proceedings of the 22nd International Conference on Mobile and Ubiquitous Multimedia (pp. 535-537).

Boudjani, N., Colas, V., Joubert, C., & Amor, D. B. (2023, May). Ai chatbot for job interview. In 2023 46th MIPRO ICT and Electronics Convention (MIPRO) (pp. 1155-1160). IEEE.

Chopra, F., & Haaland, I. (2023). Conducting qualitative interviews with AI.

Ertel, W., & Black, N. T. (2016). Grundkurs künstliche intelligenz (Vol. 4). Wiesbaden: Springer Fachmedien Wiesbaden.

Gupta, S., & Chen, Y. (2022). Supporting inclusive learning using chatbots? A chatbot-led interview study. Journal of Information Systems Education, 33(1), 98-108.

Kovács, L. (Ed.). (2023). Künstliche Intelligenz und menschliche Gesellschaft. Walter de Gruyter GmbH & Co KG.

Kwon, D., Kim, J., Choi, S., Kim, Y., & Zo, H. (2023). Be human-like or AI-like: Investigating the impact of the anthropomorphism and decision valence on organizational justice and attractiveness in the AI-recruitment.

Li, J., Zhou, M. X., Yang, H., & Mark, G. (2017, March). Confiding in and listening to virtual agents: The effect of personality. In Proceedings of the 22nd International Conference on Intelligent User Interfaces (pp. 275-286).

Liu, B., Wei, L., Wu, M., & Luo, T. (2023). Speech production under uncertainty: how do job applicants experience and communicate with an AI interviewer?. Journal of Computer-Mediated Communication, 28(4), zmad028.

Parker, J. L., Richard, V. M., & Becker, K. (2023). Flexibility & iteration: Exploring the potential of large language models in developing and refining interview protocols. The qualitative report, 8(9), 2772-2791.

Philip, P., Dupuy, L., Auriacombe, M., Serre, F., de Sevin, E., Sauteraud, A., & Micoulaud-Franchi, J. A. (2020). Trust and acceptance of a virtual psychiatric interview between embodied conversational agents and outpatients. NPJ digital medicine, 3(1), 2.

Pickard, M. D., Schuetzler, R., Valacich, J. S., & Wood, D. A. (2020). Innovative accounting interviewing: A comparison of real and virtual accounting interviewers. The Accounting Review, 95(6), 339-366.

Rich, E. (1985). Artificial Intelligence and the Humanities. Computers and the Humanities, 19(2), 117–122. http://www.jstor.org/stable/30204398

Sanderson, K. (2023). GPT-4 is here: what scientists think. Nature, 615(7954), 773.

Suakanto, S., Siswanto, J., Kusumasari, T. F., Prasetyo, I. R., & Hardiyanti, M. (2021, August). Interview Bot for Improving Human Resource Management. In 2021 International Conference on ICT for Smart Society (ICISS) (pp. 1-5). IEEE.

Sidoruk, J., & Ritter, H. (2021). Künstliche Intelligenz–Kriegstreiber oder Friedensstifter im War for Talent?. In CSR und Künstliche Intelligenz (pp. 327-340). Berlin, Heidelberg: Springer Berlin Heidelberg.

Suen, H. Y., & Hung, K. E. (2023). Building trust in automatic video interviews using various AI interfaces: Tangibility, immediacy, and transparency. Computers in Human Behavior, 143, 107713.

Suen, H. Y., & Hung, K. E. (2024). Revealing the influence of AI and its interfaces on job candidates' honest and deceptive impression management in asynchronous video interviews. Technological Forecasting and Social Change, 198, 123011.

Weißenberger, B. E. (2021). Künstliche Intelligenz als Zukunftstechnologie im Controlling. Controlling & Management Review, 65, 8-17.

Wirtz, B. W., Weyerer, J. C., & Geyer, C. (2019). Artificial intelligence and the public sector—applications and challenges. International Journal of Public Administration, 42(7), 596-615.

Xiao, Z., Zhou, M. X., Chen, W., Yang, H., & Chi, C. (2020, April). If I hear you correctly: Building and evaluating interview chatbots with active listening skills. In Proceedings of the 2020 CHI Conference on Human Factors in Computing Systems (pp. 1-14).

BEI GRIN MACHT SICH IHR WISSEN BEZAHLT

- Wir veröffentlichen Ihre Hausarbeit, Bachelor- und Masterarbeit

- Ihr eigenes eBook und Buch - weltweit in allen wichtigen Shops

- Verdienen Sie an jedem Verkauf

Jetzt bei www.GRIN.com hochladen und kostenlos publizieren